BEI GRIN MACHT SICH IHR WISSEN BEZAHLT

- Wir veröffentlichen Ihre Hausarbeit, Bachelor- und Masterarbeit

- Ihr eigenes eBook und Buch - weltweit in allen wichtigen Shops

- Verdienen Sie an jedem Verkauf

Jetzt bei www.GRIN.com hochladen und kostenlos publizieren

Bibliografische Information der Deutschen Nationalbibliothek:

Die Deutsche Bibliothek verzeichnet diese Publikation in der Deutschen National-
bibliografie; detaillierte bibliografische Daten sind im Internet über http://dnb.d-
nb.de/ abrufbar.

Impressum:

Copyright © 2016 GRIN Verlag
Druck und Bindung: Books on Demand GmbH, Norderstedt Germany
ISBN: 9783668732681

Dieses Buch bei GRIN:

https://www.grin.com/document/428671

Vanessa Erl

Qualität, Invention, Finanzierung und Produktion

GRIN Verlag

Deutsche Hochschule für
Prävention und Gesundheitsmanagement
Hermann Neuberger Sportschule 3
66123 Saarbrücken

Einsendeaufgabe

Fachmodul:	BWL 4
Studiengang:	Fitnessökonomie
Datum Präsenzphase:	24.10.16 – 26.10.16
Name, Vorname:	Erl, Vanessa
Studienort:	Leipzig
Semester:	SS 2014

Inhaltsverzeichnis

1 Qualitätszertifizierung

1.1 Personalanforderungen für gerätegestütztes Training nach der DIN 33961

1.1.1 Personaleinsatzplan

Die freiberuflichen Trainer erhalten am Ende eines jeden Monates einen Einsatzplan, welcher anhand der Verfügbarkeiten der Trainer erstellt wird. Hierbei werden unterschiedliche Schichten vorgegeben und die unterschiedlichen Schichten erfordern auf Grund der Studioauslastung unterschiedliche Personalabdeckungen.

Uhrzeit	Montag		Dienstag		Mittwoch		Donnerstag		Freitag		Samstag		Sonntag	
	T1	T2	T1	T2	T1	T2	T1	T2	T1	T2	T1	T2	T1	T2
06:00-07:00	-1-		-7-		-11-		-1-		-3-					
07:00-08:00	-1-		-7-		-11-		-1-		-3-					
08:00-09:00	-1-		-7-		-11-		-1-		-3-		-10-		-3-	
09:00-10:00	-2-		-10-		-8-		-11-		-10-		-10-		-3-	
10:00-11:00	-2-		-10-		-8-		-11-		-10-		-10-		-3-	
11:00-12:00	-2-		-10-		-8-		-11-		-10-		-10-		-3-	
12:00-13:00	Gym Manager		Gym Manager		Gym Manager		Gym Manager		Gym Manager		-10-		-3-	
13:00-14:00											-10-		-3-	
14:00-15:00											-10-		-3-	
15:00-16:00											-10-		-3-	
16:00-17:00	-3-		-4-		-9-		-9-		-4-		-8-		-5-	
17:00-18:00	-3-		-4-		-9-		-9-		-4-		-8-		-5-	
18:00-19:00	-4-	-5-	-2-	-7-	-4-	-5-	-7-	-3-	-1-	-2-	-8-		-5-	
19:00-20:00	-4-	-5-	-2-	-7-	-4-	-5-	-7-	-3-	-1-	-2-	-8-		-5-	
20:00-21:00	-6-		-9-		-6-		-8-		-9-		-8-		-5-	
21:00-22:00	-6-		-9-		-6-		-8-		-9-		-8-		-5-	
22:00-23:00	-6-		-9-		-6-		-8-		-9-					

nicht besetzt
geschlossen
[-1-] Personalnummer

Abbildung 1 Personaleinsatzplan der Flächentrainer

1.1.2 Qualifikationsstufen

Die einzelnen Qualifikationsstufen der Trainer wurden bei den Bewerbungsgesprächen eingeforderten und abgespeichert, sodass die Inhalte der folgenden Tabelle (Vgl. Tab. 2) zusammengeführt werden konnten. Voraussetzung vom Unternehmen ist eine B-Lizenz oder höherqualifizierte Abschlüsse.

Tabelle 1 Qualifikationsstufen der Flächentrainer

Trainer	Qualifikationsstufe
Trainer 1	Trainer B Lizenz (Ahab Akademie), Entspannungstrainer (BSA Akademie)
Trainer 2	Trainer A Lizenz (BSA Akademie)
Trainer 3	Trainer B Lizenz (Ortho Vita)
Trainer 4	Trainer B Lizenz (Akademie für Sport und Gesundheit)
Trainer 5	Trainer A Lizenz, Sportmasseur (Medical Fitness Academy)
Trainer 6	Physiotherapeut (Die Schule), A Lizenz (Akademie für Sport und Gesundheit)
Trainer 7	B.A. Fitnessökonomie (DHFPG), Trainer B Lizenz (BSA Akademie)
Trainer 8	Trainer B Lizenz (Ortho Vita)
Trainer 9	Sport- und Fitnesskaufmann (IHK), Trainer B Lizenz (Ahab Akademie)
Trainer 10	Trainer B Lizenz (Safs&Beta), Athletiktrainer (Ahab Akademie)
Trainer 11	Trainer B Lizenz (BSA Akademie)
Trainer 12	Trainer B Lizenz (Safs&Beta)

1.1.3 Soll/Ist- Vergleich

Laut dem DIN Verbraucherrat vom 20.05.2015 wurde die DIN 33961 überarbeitet und beinhaltet die Anforderungen für Studioausrüstung und –betrieb innerhalb eines Fitnessstudios. Bisher bestand die DIN aus 3 Teilen und der vierte Teil zum Thema „gerätegestütztes Krafttraining, wurde nachträglich ergänzt. (Deutsches Institut für Normung e.V, 2015).

Gemäß der Aufgabenstellung wird im Detail auf die vorgegebenen Kriterien der Personalqualifikationen eingegangen.

Größe der Anlage: (Gesamtfläche der Anlage)		
	< 300 qm	Sollwert: 21 Stunden
	300 bis 749 qm	Sollwert: 37 Stunden
	750 bis 1.499 qm	Sollwert: 79 Stunden
	1.500 bis 2.499 qm	Sollwert: 140 Stunden
	2.500 bis 4.000 qm	Sollwert: 228 Stunden
	> 4.000 qm	Sollwert: 280 Stunden

Abbildung 2 Soll-Werte der Trainerwochenstunden

Die Ist-Werte werden anhand der in 1.1.1 und 1.1.2 zusammengefassten Werte ermittelt und es ist bekannt, dass das Studio eine Fläche von 5000qm hat.

Tabelle 2 Soll-/Ist-Wert Vergleich Trainerwochenstunden

	Ist -Wert	Soll-Wert
Trainerwochenstunden	127,9 Stunden	280 Stunden

Voraussetzung 1:

Soll: Jeder Trainer sollte mindestens 18 Jahre alt sein, wenn Einzelschichten vorhanden sind.

Ist: Alle Trainer sind über 18 Jahre alt. ➔ **erfüllt**

Voraussetzung 2:

Soll: Jeder Trainer hat mindestens die Qualifikation der B-Lizenz, da Einzelschichten vergeben werden.

Ist: Alle Trainer haben mindestens die B-Lizenz. ➔ **erfüllt**

Voraussetzung 3:

Soll: Trainingsplanung darf nur von Trainern mit Qualifikationsstufe 3 durchgeführt werden.

Ist: Jeder Trainer darf eine Trainingsplanung erstellen, jedoch muss jeder Trainer eine MI-Schulung (Member Interaction) absolvieren, bevor er als Trainer im Unternehmen arbeiten darf. Dies wird als Zusatzqualifikation gewertet.

➔ **erfüllt**

Voraussetzung 4:

Soll: Die Bereichsleitung der Trainingsfläche hat mindestens die Qualifikationsstufe 3.

Ist: Die Bereichsleitung hat einen Abschluss B.A. Fitnessökonomie. ➔ **erfüllt**

Voraussetzung 5:

Soll: Mindestens 30% der Trainerwochenstunden werden mit Qualifikationsstufe 3 abgedeckt.

Ist: Insgesamt besteht der Schichtplan aus 123 Trainerwochenstunden, sodass mindestens 33,9 Stunden mit der Qualifikationsstufe 3 abgedeckt sein sollten. Im vorliegenden Studio liegt die Abdeckung durch Trainer 1,5,10 vor und somit eine Stundenanzahl von 52 Stunden. ➔ **erfüllt**

Voraussetzung 6:

Soll: Die übrigen 70 % müssen durch die Qualifikationsstufe 2 abgedeckt werden.

Ist: Da alle Trainer eine B-Lizenz besitzen, wird die Differenz Zeit aus Voraussetzung 5 durch die Qualifikationsstufe 2 abgedeckt. ➔ **erfüllt**

Da die Variante 1 nicht gewährleistet werden kann, wird die Variante 2 der DIN Norm für das Studio genutzt, indem die Trainerwochenstunden zu 42,28% mit der Qualifikationsstufe 3 und die restlichen Anteile mit der Qualifikationsstufe 2 abgedeckt werden.

1.1.4 Notfallmanagement

Im betrachteten Unternehmen sind 12 Trainer / Mitarbeiter im Schichtplan eingeteilt und es wird ein entsprechendes Notfallmanagement geplant. Zum einen ist die Ersthelferausbildung erforderlich und zum anderen die Ausbildung zum Brandschutzhelfer.

Tabelle 3 Kostenplanung Notfallmanagement

	Variante 1	Variante 2
Ersthelferausbildung	Deutsches Rotes Kreuz (Kreisverband Berlin-City e.V., 2016) Kosten: 35€	ASB – Arbeiter Samariter Bund (Regionalverband Berlin Nordwest e.V., 2016) Kosten: 30€
Brandschutzhelfer	ASB - Arbeiter Samariter Bund (Landesverband Berlin e.V., 2016) Kosten: 100€	Napaso (Napaso, 2016) Kosten: pauschal bis 12 Teilnehmer 550€, ab dem 13 Teilnehmer zzgl. 45€
Gesamtkosten Ersthelferausbildung	12 Teilnehmer Gesamtkosten 420€	12 Teilnehmer Gesamtkosten 360€
Gesamtkosten Brandschutzhelfer	12 Teilnehmer Gesamtkosten 1200€	12 Teilnehmer Gesamtkosten 550€
Schlussfolgerung	Im falle der kostengünstigsten Variante muss das Unternehmen für 12 Mitarbeiter mit Kosten in Höhe von 910€ rechnen. Hierbei nutzt das Unternehmen die Angebote des ASB für die Ersthelferausbildung und von Napaso für den Brandschutzhelfer.	

1.2 Einsehbarkeit der Trainingsfläche

1.2.1 Grundriss

Auf der Trainingsfläche finden sich 45 Kraftgeräte und 49 Ausdauergeräte wieder. Grundsätzlich sind diese auf der Trainingsfläche gruppiert, sodass sich gewisse Bereiche definieren lassen. Kleingeräte im Freihantelbereich und auf der Personal Trainer Fläche wurden bei der Skizze nicht beachtet.

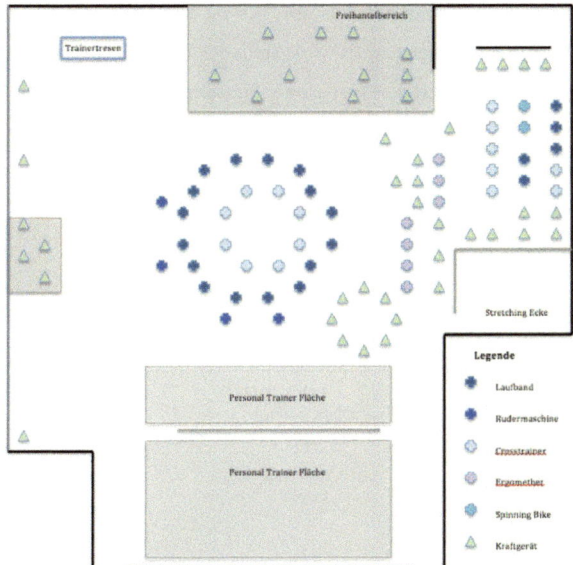

Abbildung 3 Grundriss der Trainingsfläche

1.2.2 Einsehbarkeit

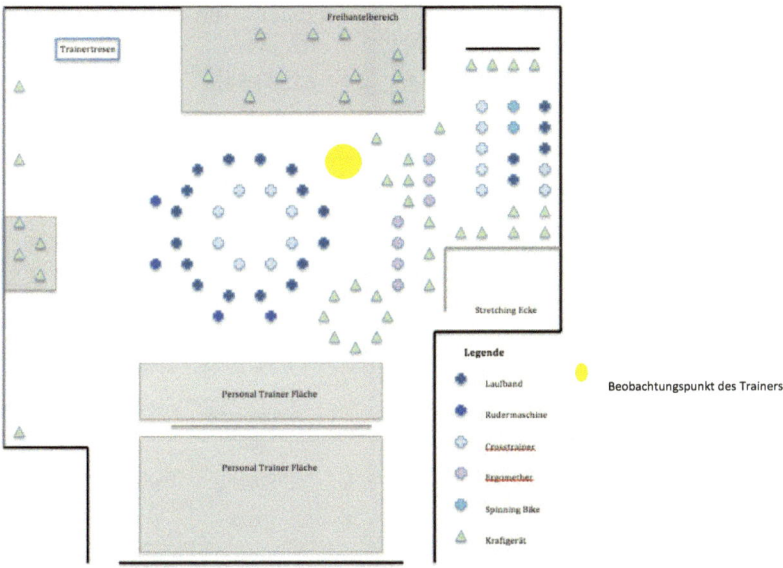

Abbildung 4 Einsehbarkeit der Trainingsfläche

Die Trainingsfläche wird hauptsächlich von einem Trainer betreut, sodass vor allem auf die Einsehbarkeit durch einen Trainer eingegangen wird. Steht der Trainer auf dem eingezeichneten Beobachtungspunkt (Vgl. Abb. 4) ist eine einhundertprozentige Einsehbarkeit gewährleistet.

2 Investition

2.1 Kapitalwertmethode

Tabelle 4 Gegebene Werte - Kapitalwertmethode

Anschaffungskosten	73000€ (brutto)			
Nutzungsdauer	4 Jahre			
Liquidationserlös	31200€ (netto)			
Kalkulationszinssatz	8%			
Zeitpunkt	t1	t2	t3	t4
Einzahlung (netto)	29500€	30100€	34600€	29400€
Auszahlung (netto)	12800€	17000€	19900€	23700€

Nebenrechnung 1

$$\text{Anschaffungskosten}_{(netto)} = \frac{73000€ * 100}{119}$$
$$\text{Anschaffungskosten}_{(netto)} = 61344,54€$$

Nebenrechnung 2

$$\text{Abzinsung} = (1 + i)^{-t}$$
$$\text{Abzinsung} = (1 + 0,08)^{-t}$$
$$\text{Abzinsung} = (1,08)^{-t}$$

Tabelle 5 Barwerte der Einzahlungen

Jahr	Einzahlung (€)	Abzinsung	Barwert (€)
1	29500	$(1,08)^{-1}$	27314,81
2	30100	$(1,08)^{-2}$	25805,90
3	34600	$(1,08)^{-3}$	27466,60
4	29400	$(1,08)^{-4}$	21609,88
	Summe		102197,19

Tabelle 6 Barwerte der Auszahlungen

Jahr	Auszahlung (€)	Abzinsung	Barwert (€)
1	12800	$(1,08)^{-1}$	11851,85
2	17000	$(1,08)^{-2}$	14574,76
3	19900	$(1,08)^{-3}$	15797,26
4	23700	$(1,08)^{-4}$	17420,21
	Summe		59644,08

$$Liquidationserlöse_{nach\ 4\ Jahren} = L_n(1 + i)^{-n}$$

$$Liquidationserlöse_{nach\ 4\ Jahren} = 31200 * (1 + 0,08)^{-4}$$

$$\underline{Liquidationserlöse_{nach\ 4\ Jahren} = 22932,93€}$$

Hauptrechnung

$$K_o = -A_0 + \sum_{t=1}^{n} (E_t - A_t)\,(1 + i)^{-t} + L_n(1 + i)^{-n}$$

$$K_o = -61344,54 + (102197,19 - 59644,08) + 22932,93$$

$$\underline{K_o = 4141,50€}$$

Der Kapitalwert von 4141,50€ ist somit >0 und es lässt sich eine Erzielung eines Über-schusses vermerken. Somit werden investitionsbedingte Auszahlungen sowie die ge-planten Verzinsungen in Höhe von 8% erwirtschaftet.

2.2 Interne Zinsfußmethode

Tabelle 7 Gegebene Werte - Interne Zinsfußmethode

Kalkulationszinssatz	8%	
Versuchszinssätze	$p_1 = 6\%$	$p_2 = 12\%$

Tabelle 8 Nebenrechnung der Internen Zinsfußmethode

Jahr	$(E_t\text{-}A_t)$	$(1 + i)^{-t}$	$(E_t\text{-}A_t)\,(1+i)^{-t}$	$(1 + i)^{-t}$	$(E_t\text{-}A_t)\,(1+i)^{-t}$
t_1	16700€	$1,06^{-1}$	15754,72€	$1,12^{-1}$	14910,71€
t_2	13100€	$1,06^{-2}$	11658,95€	$1,12^{-2}$	10443,24€
t_3	14700€	$1,06^{-3}$	12342,40€	$1,12^{-3}$	10463,17€
t_4	5700€	$1,06^{-4}$	4514,93€	$1,12^{-4}$	3622,45€
$\sum_{t=1}^{n}(E_t - A_t)(1 + i)^{-t}$			44271,00€		39439,57€
A_0				61344,54€	
$L_n(1 + i)^{-n}$			24713,32€		19828,16€
$K_o = -A_0 + \sum_{t=1}^{n}(E_t - A_t)(1 + i)^{-t} + L_n(1 + i)^{-n}$			7639,78€		-2076,81€

$$r = p_1 - K_1 * \frac{p_2 - p_1}{K_2 - K_1}$$

$$r = 6\% - \left(7639,78\text{€} * \frac{12\% - 6\%}{-2076,81\text{€} - 7639,78\text{€}}\right)$$

$$r = 6\% - \left(7639,78\text{€} * \frac{6\%}{-9716,59\text{€}}\right)$$

$$\underline{r = 10,72}$$

Da der errechnete Wert r > 8 ist, lässt sich daraus ableiten, dass es sich um eine vorteilhafte Investition handelt. Der zu erreichende Kalkulationszinssatz von 8% wird demnach überdurchschnittlich erreicht.

3 Finanzierung

3.1 Finanzierungsinstrumente Photovoltaikanlage

Die Unterscheidung der Finanzierungsinstrumente erfolgt zum einen durch die Mittelherkunft (Außen- und Innenfinanzierung) und zum anderen durch die Art des Geldgebers (Fremd- und Eigenfinanzierung. Im Folgenden werden die 4 Finanzierungsinstrumente genannt und 3 genauer erläutert.

Die externe Finanzierung (Außenfinanzierung) wird durch den Zufluss von neuen Zahlungsmitteln von außen charakterisiert.

Externe Fremdfinanzierung
Es werden dem Unternehmen finanzielle Mittel von außen zugeführt. Innerhalb dieses Finanzierungsinstrumentes erhalten die Kapitalgeber Forderungstitel, sodass sie zu Gläubigern werden und nicht zu Teilhabern des Unternehmens. Ein Beispiel der externen Fremdfinanzierung ist die Kreditaufnahme bei einer Bank (Stiller, 2015). So auch bei der Finanzierung einer Photovoltaikanlage, diese kann im Rahmen eines Kredites angeschafft und abgezahlt werden ohne, dass der Gläubiger eine Teilhaberschaft am Unternehmen erhält.

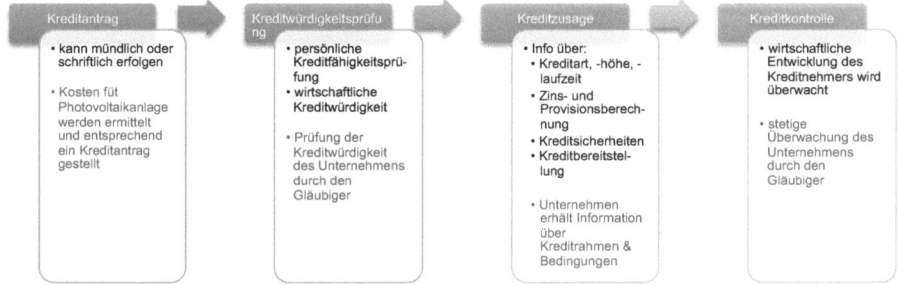

Abbildung 5 Vorgehensweise in der Kreditfinanzierung

Externe Eigenfinanzierung

Innerhalb der externen Eigenfinanzierung liegt eine Eigenkapitalerhöhung von außen vor, wobei der Kapitalgeber eine Teilhaberschaft am Unternehmen und somit ein anteiliges Mitspracherecht erhält. Beispielhaft kann hier die Ausgabe von Aktien im Rahmen einer Kapitalerhöhung genannt werden (Glück, 2016). Das Unternehmen entscheidet sich bei dieser Variante Anteile des Unternehmens in Höhe der Kosten einer geplanten Photovoltaikanlage zu verkaufen. Durch den Verkauf von Anteilen erhält das Unternehmen die entsprechende Summe, jedoch hat der neue Teilhaber ein entsprechendes Mitspracherecht. Somit sollte das Unternehmen hierbei die Höhe der Anteile genau überdenken.

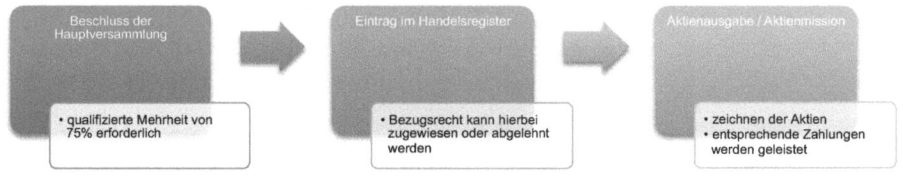

Abbildung 6 Ablauf der Kapitalerhöhung durch die Ausgabe von Aktien

Interne Eigenfinanzierung

Die Finanzierung erfolgt durch die Auflösung von Gewinnen und Rücklagen innerhalb des Unternehmens, sodass die Geldmittel durch das Unternehmen selbst erwirtschaftet werden (Springer Gabler, 2016). Das Unternehmen hat durch vorherige Gewinne eigene Geldmittel um die Photovoltaikanlage zu finanzieren und entsprechend abzuschreiben.

Die Photovoltaikanlage ist sofort im Besitz des Unternehmens und das Unternehmen muss keine Anteile abgeben.

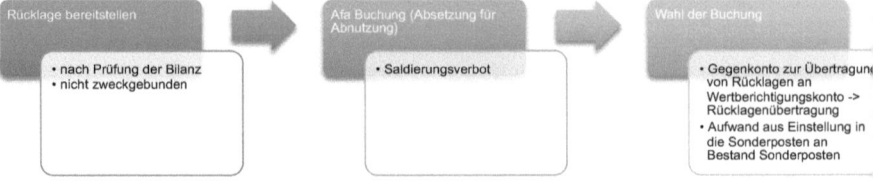

Abbildung 7 Ablauf der Finanzierung durch die Auflösung von Rücklagen

Ferner gibt es als viertes Instrument die **Interne Fremdfinanzierung**.

3.2 Stellungnahme Kreditfinanzierung

„In der Unternehmensführung hat sich die Kreditfinanzierung bei Investitionsgütern des Anlagevermögens als die einzig wahre Finanzierungsform herausgestellt"

Der vorliegenden Aussage wird nicht zugestimmt, da nicht nur die Kreditfinanzierung eine effektive Finanzierungsform für Unternehmen darstellt.

Die Kreditfinanzierung weist einige Vorteile auf, da der Kreditgeber (Gläubiger) keine Unternehmensansprüche erhält. Die Liquidität und das Eigenkapital bei dieser Form der Finanzierung werden geschont, sodass das Gesamtkapital elastischer wird. Jedoch hat der Gläubiger Anspruch auf Zinsrückzahlungen, sodass die Ausgaben höher werden, als notwendig. Jedoch können Investitionsgüter über die Nutzungsdauer innerhalb der Betriebslaufzeit abgeschrieben werden. Nach der Abschreibungszeit ist die Verbindlichkeit gegenüber dem Gläubiger gelöst und das Gut ist komplett abgeschrieben. Durch festgelegte Abschreibungssummen, sowie einen festgelegtem Zinssatz und Raten kann das Unternehmen monatlich planen. Die anfallenden Kosten führen zu einer Reduzierung des zu versteuernden Gewinns, da diese den Ausgaben zugeordnet werden können. Nachteilig ist die Höhe der Zinsen aufzuführen, da die Kosten immens steigen und eine Kreditaufnahme sich möglicherweise nicht rentieren würde. Das Unternehmen sollte somit vorab mit Hilfe Bilanz prüfen, ob die Zahlungsfähigkeit für das Investitionsgut in Form der Kreditfinanzierung innerhalb des Unternehmens besteht.

Innerhalb der Eigenfinanzierung gibt es keine höheren Kosten, da keine Zinsen im Spiel sind, jedoch wird das Eigenkapital erhöht (durch Aktien) bzw. gesenkt

(Auflösung von Gewinnen / Rücklagen). Sollte es dem Unternehmen möglich sein, Investitionsgüter des Anlagevermögens finanziell durch Eigenfinanzierungen anzuschaffen, ist es empfehlenswert diese Form der Finanzierung in Betracht zu ziehen. Jedoch sollte darauf geachtet werden, dass die Liquidität und Rentabilität des Unternehmens gewährleistet bleibt.

4 Produktion und Logistik

4.1 Arbeitsproduktivität

Die Kennzahlen der Arbeitsproduktivität einer exemplarischen Woche vom 1.11.2016 - 7.11.2016 wird in der folgenden Tabelle (Vgl. Tab. 9) dargestellt. Die berechnet Kennzahlen werden im Anschluss graphisch dargestellt (Vgl. Abb. 5) und analysiert.

Tabelle 9 Arbeitsproduktivität einer exemplarischen Arbeitswoche (1.11.16-7.11.16)

Wochentag	Mo	Di	Mi	Do	Fr	Sa	So
(1) Anzahl der Kundenbesuche pro Tag	648	659	584	559	402	442	609
(2) Anzahl der Trainerstunden pro Tag (in Stunden)	19	19	19	19	19	14	14
Kennzahl Arbeitsproduktivität $\left(\frac{(1)}{(2)}\right)$	34,11	34,68	30,74	29,42	21,16	31,57	43,5

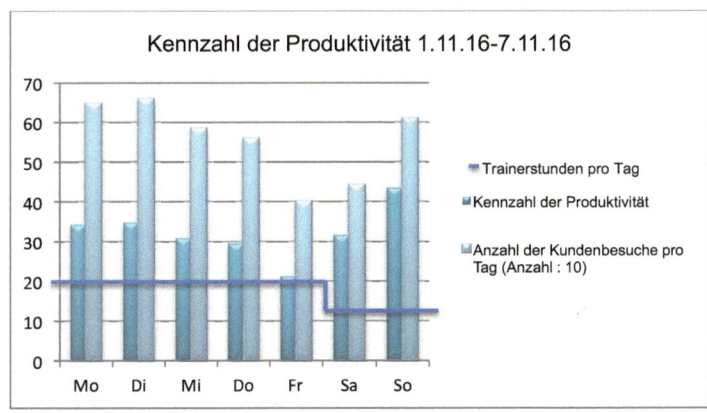

Abbildung 8 Darstellung der Arbeitsproduktivität einer exemplarischen Arbeitswoche

Innerhalb der Analyse wird das Verhältnis zwischen den Trainerstunden pro Tag und der Anzahl der Kundenbesuche pro Tag betrachtet. Die daraus resultierende Kennzahl gibt Aufschluss über die Produktivität. Jedoch ist zu beachten, dass die Check-In Zahlen keinen Aufschluss darauf geben welcher Aktivität die Kunden nachgehen. Des Weiteren werden die Zeiten nicht beachtet. Ziel der Analyse ist es jedoch dies in Betracht zu ziehen um anschließend mögliche Maßnahmen zur Verbesserung der Arbeitsproduktivität abzuleiten.

Auswertung Abbildung 7 & Abbildung 8:

1. Trainerstunden von Montag bis Freitag gleichbleibend, Samstag bis Sonntag um 5 Stunden gesenkt
2. Freitag ist der kundenärmste Tag, annährend gleich zu Samstag
3. Montag und Dienstag die kundenstärksten Tage
4. ein enormer Anstieg der Kundenbesuche von Samstag zu Sonntag
5. Kennzahl der Produktivität Sonntags am höchsten, Freitag am niedrigsten

Die vorhergehende Auswertung zeigt deutlich den Trend der Kundenzahlen pro Tag sowie die daraus resultierende Arbeitsproduktivität. Hierzu lässt sich anmerken, dass das vielseitige Angebot des Studios die Mitglieder entsprechend aufteilt. Kurse zu den Peak-Zeiten decken im Schnitt 20-30 Mitglieder gleichzeitig ab. Des Weiteren laufen über den gesamten Tag Personal Trainings zu welchem das entsprechende Mitglied eincheckt. Viele Mitglieder nutzen des Weiteren den Wellnessbereich, welcher nicht von den Flächentrainern (den betrachteten Mitarbeitern des Dienstplanes) überwacht wird. Somit dezimiert sich die Besucherzahl und die Kennzahl der Arbeitsproduktivität verändert sich ebenfalls, da die Trainer innerhalb der Öffnungszeiten theoretisch weniger Mitglieder betreuen müssen. Da jedoch von den ermittelten Werten ausgegangen wird, lässt sich sagen, dass die Trainer eine zu immense Anzahl an Mitgliedern zu betreuen haben. Hierbei wird davon ausgegangen, dass gleich viele Mitglieder pro Stunde einchecken. Dies entspricht ebenfalls nicht der Realität und die Trainerschichten sind den Peak-Zeiten angepasst. Jedoch könnte eine Verbesserung der Betreuung geschaffen werden, indem weitere Trainer einzelne Schichten übernehmen und somit die Anzahl an Trainerstunden pro Tag erhöht werden, dies stellt auch eine mögliche Maßnahme zur Verbesserung der Arbeitsproduktivität dar. Eine weitere Maßnahme um die Peak-Zeiten zu entlasten stellt die Umstellung des Kursprogramms dar.

So können gut besuchte Kurse zu Mitgliedsschwächeren Zeiten angeboten und stattdessen schlechter besuchte Kurse eingesetzt werden.

So wird der Tresen und somit die Trainer innerhalb der Peak-Zeiten von den Check-Ins her entlastet und leerere Zeiten werden besser besucht. Es kommt somit zu einer gleichmäßigeren Verteilung des Mitgliederaufkommens.

4.2 Einbindung des externen Faktors

Innerhalb der Planungsaufgabe wird zum einen die Planung des Dienstplanes in Betracht gezogen. Hierbei müssen einige externe Faktoren beachtet werden, welche jedoch nicht permanent planbar sind. Planbare Abwesenheiten können Fortbildungen der Mitarbeiter oder Präsenzphasen von Auszubildenden oder Studenten sein. Diese werden in der Planung des Dienstplanes beachtet und eingetragen. Krankheitsbedingte Ausfälle sind nicht planbar und können die Abdeckungen der Schichten gefährden. Hierbei werden andere Mitarbeiter eingesetzt beziehungsweise wird Abteilungsübergreifend gearbeitet.

Ein weiterer und sehr wesentlicher Faktor sind die Mitglieder. Diese werden das Studio anhand ihres Anfahrtsweges und somit der Erreichbarkeit sowie der vorgefundenen Qualität und Quantität bewerten. Der Standort kann nicht weiter beeinflusst werden, da dieser vorab durch eine Markt- und Standortanalyse festgesetzt wurde und nicht mehr veränderbar ist. Die Qualität und Quantität des Studios kann durch Mitarbeiter, und die Sauberkeit und Ausstattung des Studios beeinflusst werden.

Durch den festgelegten Standort wird jedes Studio mit Konkurrenzunternehmen konfrontiert. Jedes Studio wirbt somit mit den eigenen Ausstattungen und Angeboten, sodass das Studio durch besondere Aktionen Konkurrenten ausschließen kann. Jedoch kann dies auch genau umgekehrt sein, sodass das Studio jederzeit mit kündigenden Mitgliedern rechnen muss. Viel wichtiger ist hierbei die Kundenbindung von Mitgliedern durch hohen Service und persönliche Betreuung.

Ein letzter nicht beeinflussbarer Faktor ist das Wetter, da saisonal die Studioauslastung und Interesse an Mitgliedschaften schwankt.

Grundsätzlich sollten die externen Faktoren innerhalb der Planungsaufgabe eingerechnet werden, vor allem innerhalb der Budgetierung, Personalplanung spielt der externe Faktor eine Rolle.

4.3 Bestandteile Abwicklungszeit und Maßnahmen

Die Abwicklungszeit innerhalb der Dienstleistung wird in vier wichtige Komponenten unterteilt.

Die *Transferzeit* ist die erste Komponente und gleichzeitig ein externer Faktor. Es wird betrachtet wie lange das Mitglied zum entsprechenden Dienstleistungsort benötigt, allgemein betrachtet somit der Anfahrtsweg des Kunden bis er das Studio betreten kann. Innerhalb des betrachteten Unternehmens stellt sich die Anfahrt mit der Bahn als unproblematisch dar, da die Station direkt vor der Tür ist und auch unterschiedliche öffentliche Verkehrsmittel genutzt werden können. Jedoch ist die Anfahrt mit dem Auto problematischer, da Parkplätze zusätzliche Kosten hervorrufen und somit ein negativer Aspekt für Mitglieder sein kann. Des weiteren herrscht im Umkreis ein starker Verkehr, welche die Anfahrt verzögert.

Die *Vor- und Nachbereitungszeit* innerhalb des Studios ist durch ein automatisches Drehkreuz und standardisierte Abläufe geregelt. Dieser Zeitraum beinhaltet den Check-In und Check-Out des Mitgliedes. Der Check-In und Ckeck-Out erfolgt automatisch durch eine Chipkarte. Durch das Personal erhalten die Mitglieder an der Rezeption ihre Handtücher und der Handtuchabwurf an der Rezeption leitet den Ausgang am automatischen Drehkreuz ein. Die Zeitspanne ist demnach sehr gering gehalten.

Sobald das Mitglied das Studio betreten hat beginnt die *Zeit der Nutzleistung*. Innerhalb dieser Zeit zählen die reinen Anwendungen, die Zeit der eigentlichen Dienstleistung. So kann das Mitglied einen Kurs besuchen, eine Massage buchen, ein Personal Trainer Termin haben oder aber den Wellness Bereich nutzen. Erfolgt eine Aufeinanderreihung unterschiedlicher Anwendungen (z.B. Kursbesuch von 50 Minuten und anschließender Massage Termin) ist eine Differenzierung zwischen Wartezeiten und begründeten Ruhepausen unabdingbar. Im betrachteten Studio sind das Kursangebot und Saunaaufgüsse zeitlich festgesetzt. Termine können wir unterschiedliche Massageanwendungen, Trainer Termine oder Kundengespräche festgelegt werden. Durch dieses System werden Wartezeiten vermieden (interner Faktor ist verhindert, externer Faktor ist bereit) und die Zufriedenheit der Kunden steigt, da es vermehrt zu begründeten Ruhepausen kommt.

Die *Wartezeit* wurde bereits erwähnt und wird im Studio so gering wie möglich gehalten. Sollte es zu Wartezeiten kommen, haben die Kunden die Möglichkeit in einer Lounge platz zu nehmen, Zeitungen zu lesen oder Musik hören. Durch diese Maßnahmen werden die Pausen zwischen den Leistungserbringungen überbrückt.

Maßnahmen zur Verbesserung der Abwicklungszeit können in unterschiedlichen Phasen festgelegt werden. Angefangen bei der Transferzeit könnte das Studio eine entsprechende Kooperation mit einem umliegenden Parkhaus organisieren um Kundenparkplätze zur Verfügung zu stellen. Durch diese Maßnahme kann die Transferzeit vermindert werden und bietet autofahrenden Kunden die Möglichkeit kostensparender ins Studio zu gelangen. Eine weitere Maßnahme zur Optimierung der Nutzleistungszeit kann die Umstrukturierung des bereits existierenden Kursplanes sein. So sollte darauf geachtet werden, dass die Kursübergänge umstrukturiert werden. Es sollte jedem Mitglied möglich sein von einem Kurs in den nächsten Kurs zu gehen ohne eine große Wartezeit überbrücken zu müssen. Des Weiteren könnte darüber nachgedacht werden ob Kurse halbstündlich Beginnen um so mehr Mitglieder zu unterschiedlichen Zeiten ins Studio zu locken (dies entlastet die Peak-Zeiten) und es werden unnötige Wartezeiten bis zum Kursbeginn vermieden. Eine dritte Maßnahme bezieht sich auf die Wartezeit. Es kann auch in einem gut strukturierten Unternehmen zu Wartezeiten, durch spontane Termine oder Fehlbuchungen, kommen. Um die Wartezeit angenehmer zu überbrücken wäre es eine Option ein Café oder eine Snack-Bar zu eröffnen. So können Wartende währenddessen einen Kaffee trinken oder eine Kleinigkeit zur Stärkung zu sich nehmen. Diese Maßnahme bezieht sich jedoch nicht ausschließlich auf Wartezeiten, da auch begründete Ruhepausen in dem Café verbracht werden können und so eine Mitglieder Community und erhöhte Kundenbindung entsteht.

5 Literaturverzeichnis

Deutsches Institut für Normung e.V. (2015). *Normenreihe DIN 33961 überarbeitet.* Zugriff am 25.10.16. verfügbar unter http://www.din.de/de/ueber-normen-und-standards/nutzen-fuer-den-verbraucher/verbraucherrat/aktuelles/normenreihe-din-33961-ueberarbeitet-76852

Glück, O. (2016). *Welt der BWL Betriebswirtschaft in der Praxis. Eigenfinanzierung Definition.* Zugriff am 6.11.2016. verfügbar unter http://www.welt-der-bwl.de/Eigenfinanzierung

Kreisverband Berlin-City e.V. (2016). *Erste Hilfe Lehrgang.* Zugriff am 9.11.2016. verfügbar unter: http://www.drk-berlin-city.de/angebote/kurse-im-ueberblick/erste-hilfe-lehrgang.html

Landesverband Berlin e.V. (2016). *ASB – Arbeiter Samariter Bund, Ausbildung, Brandschutzhelfer.* Zugriff am 9.11.2016. verfügbar unter http://www.asb-berlin.de/erste_hilfe_ausbildung_berlin/erste_hilfe_brandschutzhelfer.html

Napaso. (2016) *Ausbildung zum Brandschutz- und Evakuierungshelfer.* Zugriff am 9.11.2016. verfügbar unter http://www.napaso.de/brandschutzhelfer.php

Regionalverband Berlin-Nordwest e.V. (2016). *ASB-Arbeiter Samariter Bund, Erste Hilfe Grundkurs EHG.* Zugriff am 9.11.2016. verfügbar unter http://www.asb-berlin-nordwest.de/ausbildung/erste-hilfe-kurse/erste-hilfe-grundkurs.html

Springer Gabler. (2016). *Gabler Wirtschaftslexikon – Das Wissen der Experten. Selbstfinanzierung.* Zugriff am 6.11.2016. verfügbar unter http://wirtschaftslexikon.gabler.de/Definition/selbstfinanzierung.html

Stiller, G. (2015). *Außenfinanzierung.* Zugriff am 6.11.2016. verfügbar unter http://www.wirtschaftslexikon24.com/d/aussenfinanzierung/aussenfinanzierung.htm

6 Abbildungs- und Tabellenverzeichnis

6.1 Abbildungsverzeichnis

6.2 Tabellenverzeichnis